Visión de Anáhuac

Alfonso Reyes

Visión de Anáhuac
Copyright © 2018 Bibliotech Press
All rights reserved

The present edition is a reproduction of previous publication of this work. Minor typographical errors may have been corrected without note, however, for an authentic reading experience the spelling, punctuation, and capitalization have been retained from the original text.

ISBN: 978-1-61895-231-8

Introducción

En 1915, luego de haber dejado México y ya establecido en Madrid con su esposa y su hijo, Alfonso Reyes escribió uno de sus textos más conocidos: Visión de Anáhuac (1519). El ensayo –publicado por primera vez en 1917 en la editorial costarricense Imprenta Alsina– despliega una recreación de la mirada que los navegantes españoles tuvieron al observar el Valle de México por primera vez. El texto es un registro de asombros, un ensayo que va y viene de la crónica a la viñeta histórica, del poema en prosa a la estampa costumbrista. Lo mismo describe la vida cotidiana de los mexicas que establece una relación entre la naturaleza y la poesía: obra que huye de la exaltación regionalista –acostumbrada cuando se hablaba de lo nacional– para establecer un diálogo con la literatura y el arte universal a partir de la geografía y la poesía de las antiguas culturas mesoamericanas. Escrito desde el exilio, Visión de Anáhuac hace un recuento de México y su cultura en un momento en que la inestabilidad política era la moneda corriente del país. También se aleja de los sentimentalismos y reactualiza el pasado de nuestra cultura poniendo los ojos en el futuro; es considerado, además, un paradigma de la mejor prosa de Alfonso Reyes.

Visión de Anáhuac

(1519)

I

*Viajero: has llegado a la
región más transparente del aire.*

En la era de los descubrimientos, aparecen libros llenos de noticias extraordinarias y amenas narraciones geográficas. La historia, obligada a descubrir nuevos mundos, se desborda del cauce clásico, y entonces el hecho político cede el puesto a los discursos etnográficos y a la pintura de civilizaciones. Los historiadores del siglo xvi fijan el carácter de las tierras recién halladas, tal como éste aparecía a los ojos de Europa: acentuado por la sorpresa, exagerado a veces. El diligente Giovanni Battista Ramusio publica su peregrina recopilación Delle Navigationi et Viaggi en Venecia en el año de 1550. Consta la obra de tres volúmenes in-folio, que luego fueron reimpresos aisladamente, y está ilustrada con profusión y encanto. De su utilidad no puede dudarse: los cronistas de Indias del Seiscientos (Solís al menos) leyeron todavía alguna carta de Cortés en las traducciones italianas que ella contiene.

En sus estampas, finas y candorosas, según la elegancia del tiempo, se aprecia la progresiva conquista de los litorales; barcos diminutos se deslizan por una raya que cruza el mar; en pleno océano, se retuerce, como cuerno de cazador, un monstruo marino, y en el ángulo irradia picos una fabulosa estrella náutica. Desde el seno de la nube esquemática, sopla un Éolo mofletudo, indicando el rumbo de los vientos —constante cuidado de los hijos de Ulises—. Vense pasos de la vida africana, bajo la tradicional palmera y junto al cono pajizo de la choza, siempre humeante; hombres y fieras de otros climas, minuciosos panoramas, plantas exóticas y soñadas islas. Y en las costas de la Nueva Francia, grupos de naturales entregados a los usos de la caza y la pesquería, al baile o a la edificación de ciudades. Una imaginación como la de Stevenson, capaz de soñar La isla del tesoro ante una cartografía infantil, hubiera tramado, sobre las estampas del Ramusio, mil y un regocijos para nuestros días nublados.

Finalmente, las estampas describen la vegetación de Anáhuac. Deténganse aquí nuestros ojos: he aquí un nuevo arte de naturaleza.

LA MAZORCA de Ceres y el plátano paradisíaco, las pulpas frutales llenas de una miel desconocida; pero, sobre todo, las plantas típicas: la biznaga mexicana —imagen del tímido puerco espín—, el maguey (del cual se nos dice que sorbe sus jugos a la roca), el maguey que se abre a flor de tierra, lanzando a los aires su plumero; los «órganos» paralelos, unidos como las cañas de la flauta y útiles para señalar la linde; los discos del nopal —semejanza del candelabro—, conjugados en una superposición necesaria, grata a los ojos: todo ello nos aparece como una flora emblemática, y todo como concebido para blasonar un escudo. En los agudos contornos de la estampa, fruto y hoja, tallo y raíz, son caras abstractas, sin color que turbe su nitidez.

Esas plantas protegidas de púas nos anuncian que aquella naturaleza no es, como la del sur o las costas, abundante en jugos y vahos nutritivos. La tierra de Anáhuac apenas reviste feracidad a la vecindad de los lagos. Pero, a través de los siglos, el hombre conseguirá desecar sus aguas, trabajando como castor; y los colonos devastarán los bosques que rodean la morada humana, devolviendo al valle su carácter propio y terrible: —En la tierra salitrosa y hostil, destacadas profundamente, erizan sus garfios las garras vegetales, defendiéndose de la seca—.

ABARCA la desecación del valle desde el año de 1449 hasta el año de 1900. Tres razas han trabajado en ella, y casi tres civilizaciones —que poco hay de común entre el organismo virreinal y la prodigiosa ficción política que nos dio treinta años de paz augusta—. Tres regímenes monárquicos, divididos por paréntesis de anarquía, son aquí ejemplo de cómo crece y se corrige la obra del Estado, ante las mismas amenazas de la naturaleza y la misma tierra que cavar. De Netzahualcóyotl al segundo Luis de Velasco, y de éste a Porfirio Díaz, parece correr la consigna de secar la tierra. Nuestro siglo nos encontró todavía echando la última palada y abriendo la última zanja.

Es la desecación de los lagos como un pequeño drama con sus héroes y su fondo escénico. Ruiz de Alarcón lo había presentado vagamente en su comedia de El semejante a sí mismo. A la vista de numeroso cortejo, presidido por Virrey y Arzobispo, se abren las esclusas: las inmensas aguas entran cabalgando por los tajos.

Ése, el escenario. Y el enredo, las intrigas de Alonso Arias y los dictámenes adversos de Adrián Boot, el holandés suficiente; hasta que las rejas de la prisión se cierran tras Enrico Martín, que alza su nivel con mano segura.

Semejante al espíritu de sus desastres, el agua vengativa espiaba de cerca a la ciudad; turbaba los sueños de aquel pueblo gracioso y cruel, barriendo sus piedras florecidas; acechaba, con ojo azul, sus torres valientes.

Cuando los creadores del desierto acaban su obra, irrumpe el espanto social.

EL VIAJERO americano está condenado a que los europeos le pregunten si hay en América muchos árboles. Les sorprenderíamos hablándoles de una Castilla americana más alta que la de ellos, más armoniosa, menos agria seguramente (por mucho que en vez de colinas la quiebren enormes montañas), donde el aire brilla como espejo y se goza de un otoño perenne. La llanura castellana sugiere pensamientos ascéticos: el valle de México, más bien pensamientos fáciles y sobrios. Lo que una gana en lo trágico, la otra en plástica rotundidad.

Nuestra naturaleza tiene dos aspectos opuestos. Uno, la cantada selva virgen de América, apenas merece describirse. Tema obligado de admiración en el Viejo Mundo, ella inspira los entusiasmos verbales de Chateaubriand. Horno genitor donde las energías parecen gastarse con abandonada generosidad, donde nuestro ánimo naufraga en emanaciones embriagadoras, es exaltación de la vida a la vez que imagen de la anarquía vital: los chorros de verdura por las rampas de la montaña; los nudos ciegos de las lianas; toldos de platanares; sombra engañadora de árboles que adormecen y roban las fuerzas de pensar; bochornosa vegetación; largo y voluptuoso torpor, al zumbido de los insectos. ¡Los gritos de los papagayos, el trueno de las cascadas, los ojos de las fieras, le dard empoisonné du sauvage! En estos derroches de fuego y sueño —poesía de hamaca y de abanico— nos superan seguramente otras regiones meridionales.

Lo nuestro, lo de Anáhuac, es cosa mejor y más tónica. Al menos, para los que gusten de tener a toda hora alerta la voluntad y el pensamiento claro. La visión más propia de nuestra naturaleza está en las regiones de la mesa central: allí la vegetación arisca y heráldica, el paisaje organizado, la atmósfera de extremada nitidez, en que los colores mismos se ahogan —compensándolo la armonía general del dibujo—; el éter luminoso en que se adelantan las cosas con un resalte individual; y, en fin, para de una vez decirlo en las palabras del modesto y sensible Fray Manuel de Navarrete:

una luz resplandeciente
que hace brillar la cara de los cielos.

Ya lo observaba un grande viajero, que ha sancionado con su nombre el orgullo de la Nueva España; un hombre clásico y universal como los que criaba el Renacimiento, y que resucitó en su siglo la antigua manera de adquirir la sabiduría viajando, y el hábito de escribir únicamente sobre recuerdos y meditaciones de la propia vida: en su Ensayo político, el barón de Humboldt notaba la extraña reverberación de los rayos solares en la masa montañosa de la altiplanicie central, donde el aire se purifica.

En aquel paisaje, no desprovisto de cierta aristocrática esterilidad, por donde los ojos yerran con discernimiento, la mente descifra cada línea y acaricia cada ondulación; bajo aquel fulgurar del aire y en su general frescura y placidez, pasearon aquellos hombres ignotos la amplia y meditabunda mirada espiritual. Extáticos ante el nopal del águila y de la serpiente —compendio feliz de nuestro campo— oyeron la voz del ave agorera que les prometía seguro asilo sobre aquellos lagos hospitalarios. Más tarde, de aquel palafito había brotado una ciudad, repoblada con las incursiones de los mitológicos caballeros que llegaban de las Siete Cuevas —cuna de las siete familias derramadas por nuestro suelo—. Más tarde, la ciudad se había dilatado en imperio, y el ruido de una civilización ciclópea, como la de Babilonia y Egipto, se prolongaba, fatigado, hasta los infaustos días de Moctezuma el doliente. Y fue entonces cuando, en envidiable hora de asombro, traspuestos los volcanes nevados, los hombres de Cortés («polvo, sudor y hierro») se asomaron sobre aquel orbe de sonoridad y fulgores —espacioso circo de montañas—.

A sus pies, en un espejismo de cristales, se extendía la pintoresca ciudad, emanada toda ella del templo, por manera que sus calles radiantes prolongaban las aristas de la pirámide.

Hasta ellos, en algún oscuro rito sangriento, llegaba —ululando— la queja de la chirimía y, multiplicado en el eco, el latido del salvaje tambor.

II

> *"Parecía a las casas de encanta- miento que cuentan en el libro de Amadís... No sé cómo lo cuente."*
>
> BERNAL DÍAZ DEL CASTILLO

Dos lagunas ocupan casi todo el valle: la una salada, la otra dulce. Sus aguas se mezclan con ritmos de marca, en el estrecho formado por las sierras circundantes y un espinazo de montañas que parte del centro. En mitad de la laguna salada se asienta la metrópoli, como una inmensa flor de piedra, comunicada a tierra firme por cuatro puertas y tres calzadas, anchas de dos lanzas jinetas. En cada una de las cuatro puertas, un ministro grava las mercancías. Agrúpanse los edificios en masas cúbicas; la piedra está llena de labores, de grecas. Las casas de los señores tienen vergeles en los pisos altos y bajos, y un terrado por donde pudieran correr cañas hasta treinta hombres a caballo. Las calles resultan cortadas, a trechos, por canales. Sobre los canales saltan unos puentes, unas vigas de madera labrada capaces de diez caballeros. Bajo los puentes se deslizan las piraguas llenas de fruta. El pueblo va y viene por la orilla de los canales, comprando el agua dulce que ha de beber: pasan de unos brazos a otros las rojas vasijas. Vagan por los lugares públicos personas trabajadoras y maestros de oficio, esperando quien los alquile por sus jornales. Las conversaciones se animan sin gritería: finos oídos tiene la raza, y, a veces, se habla en secreto. Óyense unos dulces chasquidos; fluyen las vocales, y las consonantes tienden a licuarse. La charla es una canturía gustosa. Esas xés, esas tlés, esas chés que tanto nos alarman escritas, escurren de los labios del indio con una suavidad de aguamiel.

El pueblo se atavía con brillo, porque está a la vista de un grande emperador. Van y vienen las túnicas de algodón rojas, doradas, recamadas, negras y blancas, con ruedas de plumas superpuestas o figuras pintadas. Las caras morenas tienen una impavidez sonriente, todas en el gesto de agradar. Tiemblan en la oreja o la nariz las arracadas pesadas, y en las gargantas los collaretes de ocho hilos, piedras de colores, cascabeles y pinjantes de oro. - Sobre los cabellos, negros y lacios, se mecen las plumas al andar. Las piernas musculosas lucen aros metálicos, llevan antiparas de hoja de plata con guarniciones de cuero - cuero de venado amarillo y blanco. Suenan las flexibles sandalias. Algunos calzan zapatones de un cuero como de marta y suela blanca cosida con hilo dorado. En las manos aletea el abigarrado moscador, o se retuerce el bastón en forma de culebra con dientes y ojos de nácar, puño de piel labrada y pomas de pluma. Las pieles, las piedras y metales, la pluma y el algodón confunden sus tintes en un incesante tornasol y —comunicándoles su calidad y finura— hacen de los hombres unos delicados juguetes.

Tres sitios concentran la vida de la ciudad: en toda ciudad normal otro tanto sucede. Uno es la casa de los dioses, otro el mercado, y el tercero el palacio del emperador. Por todas las colaciones y barrios aparecen templos, mercados y palacios menores. La triple unidad municipal se multiplica, bautizando con un mismo sello toda la metrópoli.

EL TEMPLO mayor es un alarde de piedra. Desde las montañas de basalto y de pórfido que cercan el valle, se han hecho rodar moles gigantescas. Pocos pueblos —escribe Humboldt— habrán removido mayores masas. Hay un tiro de ballesta de esquina a esquina del cuadrado, base de la pirámide. De la altura, puede contemplarse todo el panorama chinesco. Alza el templo cuarenta torres, bordadas por fuera, y cargadas en lo interior de imaginería, zaquizamíes y maderamiento picado de figuras y monstruos. Los gigantescos ídolos —afirma Cortés— están hechos con una mezcla de todas las semillas y legumbres que son alimento del azteca. A su lado, el tambor de piel de serpiente que deja oír a dos leguas su fúnebre retumbo; a su lado, bocinas, trompetas y navajones. Dentro del templo pudiera caber una villa de quinientos vecinos. En el muro que lo circunda, se ven unas moles en figura de culebras asidas, que serán más tarde pedestales para las columnas de la catedral. Los sacerdotes viven en la muralla o cerca del templo; visten hábitos negros, usan los cabellos largos y despeinados, evitan ciertos manjares, practican todos los ayunos. Junto al templo están recluidas las hijas de algunos señores, que hacen vida de monjas y gastan los días tejiendo en pluma. Pero las calaveras expuestas, y los testimonios ominosos del sacrificio, pronto alejan al soldado cristiano, que, en cambio, se explaya con deleite en la descripción de la feria.

SE HALLAN en el mercado —dice— "todas cuantas cosas se hallan en toda la tierra". Y después explica que algunas más, en punto a mantenimientos, vituallas, platería. Esta plaza principal está rodeada de portales, y es igual a dos de Salamanca. Discurren por ella diariamente —quiere hacernos creer— sesenta mil hombres cuando menos. Cada especie o mercaduría tiene su calle, sin que se consienta confusión.

Todo se vende por cuenta y medida, pero no por peso. Y tampoco se tolera el fraude: por entre aquel torbellino, andan siempre disimulados unos celosos agentes, a quienes se ha visto romper las medidas falsas. Diez o doce jueces, bajo su solio, deciden los pleitos del mercado, sin ulterior trámite de alzada, en equidad y a vista del pueblo. A aquella gran plaza traían a tratar los esclavos, atados en unas varas largas y sujetos por el collar.

Allí venden —dice Cortés— joyas de oro y plata, de plomo, de latón, de cobre, de estaño; huesos, caracoles y plumas; tal piedra labrada y por labrar; adobes, ladrillos, madera labrada y por labrar. Venden también oro en grano y en polvo, guardado en cañutos de pluma que, con las semillas más generales, sirven de moneda. Hay calles para la caza, donde se encuentran todas las aves que congrega la variedad de los climas mexicanos, tales como perdices y codornices, gallinas, lavancos, dorales, zarcetas, tórtolas, palomas y pajaritos en cañuela; buharros y papagayos, halcones, águilas, cernícalos, gavilanes. De las aves de rapiña se venden también los plumones con cabeza, uñas y pico. Hay conejos, liebres, venados, gamos, tuzas, topos, lirones y perros pequeños que crían para comer castrados. Hay calle de herbolarios, donde se venden raíces y yerbas de salud, en cuyo conocimiento empírico se fundaba la medicina: más de mil doscientas hicieron conocer los indios al doctor Francisco Hernández, médico de cámara de Felipe II y Plinio de la Nueva España. Al lado, los boticarios ofrecen ungüentos, emplastos y jarabes medicinales. Hay casas de barbería, donde lavan y rapan las cabezas. Hay casas donde se come y bebe por precio. Mucha leña, astilla de ocote, carbón y braserillos de barro. Esteras para la cama, y otras, más finas, para el asiento o para esterar salas y cámaras. Verduras en cantidad, y sobre todo, cebolla, puerro, ajo, borraja, mastuerzo, berro, acedera, cardos y tagarninas. Los capulines y las ciruelas son las frutas que más se venden. Miel de abejas y cera de panal; miel de caña de maíz, tan untuosa y dulce como la de azúcar; miel de maguey, de que hacen también azúcares y vinos. Cortés, describiendo estas mieles al Emperador Carlos V, le dice con encantadora sencillez: "¡mejores que el arrope!" Los hilados de algodón para colgaduras, tocas, manteles y pañizuelos le recuerdan la alcaicería de Granada. Asimismo hay mantas, abarcas, sogas, raíces dulces y reposterías, que sacan del henequén. Hay hojas vegetales de que hacen su papel. Hay cañutos de olores con liquidámbar, llenos de tabaco. Colores de todos los tintes y matices. Aceites de chía que unos comparan a mostaza y otros a zaragatona, con que hacen la pintura inatacable por el agua: aún conserva el indio el secreto de esos brillos de esmalte, lujo de sus jícaras y vasos de palo. Hay cueros de venado con pelo y sin él, grises y blancos, artificiosamente pintados; cueros de nutrias, tejones y gatos monteses, de ellos adobados y de ellos sin adobar. Vasijas, cántaros y jarros de toda forma y fábrica, pintados, vidriados y de singular barro y calidad. Maíz en grano y en pan, superior al de las Islas conocidas y Tierra Firme. Pescado fresco y salado, crudo y guisado. Huevos de gallinas y ánsares, tortillas de huevos de las otras aves.

El zumbar y ruido de la plaza —dice Bernal Díaz— asombra a los mismos que han estado en Constantinopla y en Roma. Es como un mareo de los sentidos, como un sueño de Breughel, donde las alegorías de la materia cobran un calor espiritual. En pintoresco atolondramiento, el conquistador va y viene por las calles de la feria, y conserva de sus recuerdos la emoción de un raro y palpitante caos: las formas se funden entre sí; estallan en cohete los colores; el apetito despierta al olor picante de las yerbas y las especias. Rueda, se desborda del azafate todo el paraíso de la fruta: globos de color, ampollas transparentes, racimos de lanzas, piñas escamosas y cogollos de hojas. En las bateas redondas de sardinas, giran los reflejos de plata y de azafrán, las orlas de aletas y colas en pincel; de una cuba sale la bestial cabeza del pescado, bigotudo y atónito. En las calles de la cetrería, los picos sedientos; las alas azules y guindas, abiertas como un laxo abanico; las patas crispadas que ofrecen una consistencia terrosa, de raíces; el ojo, duro y redondo, del pájaro muerto. Más allá, las pilas de granos vegetales, negros, rojos, amarillos y blancos, todos relucientes y oleaginosos. Después, la venatería confusa, donde sobresalen, por entre colinas de lomos y flores de manos callosas, un cuerno, un hocico, una lengua colgante: fluye por el suelo un hilo rojo que se acercan a lamer los perros. A otro término, el jardín artificial de tapices y de tejidos; los juguetes de metal y de piedra, raros y monstruosos, sólo comprensibles —siempre— para el pueblo que los fabrica y juega con ellos; los mercaderes rifadores, los joyeros, los pellejeros, los alfareros, agrupados rigurosamente por gremios, como en las procesiones de Alsloot. Entre las vasijas morenas se pierden los senos de la vendedora. Sus brazos corren por entre el barro como en su elemento nativo: forman asas a los jarrones y culebrean por los cuellos rojizos. Hay, en la cintura de las tinajas, unos vivos de negro y oro que recuerdan el collar ceñido a su garganta Las anchas ollas parecen haberse sentado, como la india, con las rodillas pegadas y los pies paralelos. El agua, rezumando, gorgoritea en los búcaros olorosos.

Lo más lindo de la plaza —declara Gómara— está en las obras de oro y pluma, de que contrahacen cualquier cosa y color. Y son los indios tan oficiales desto, que hacen de pluma una mariposa, un animal, un árbol, una rosa, las flores, las yerbas y peñas, tan al propio que parece lo mismo que o está vivo o natural. Y acontéceles no comer en todo un día, poniendo, quitando y asentando la pluma, y mirando a una parte y otra, al sol, a la sombra, a la vislumbre, por ver si dice mejor a pelo o contrapelo, o al través, de la haz o del envés; y, en fin, no la dejan de las manos hasta ponerla en toda perfección. Tanto sufrimiento pocas naciones le tienen, mayormente donde hay cólera como en la nuestra.

El oficio más primo y artificioso es platero; y así, sacan al mercado cosas bien labradas con piedra y hundidas con fuego: un plato ochavado, el un cuarto de oro y el otro de plata, no soldado, sino fundido y en la fundición pegado; una calderica que sacan con su asa, como acá una campana, pero suelta; un pesce con una escama de plata y otra de oro, aunque tengan muchas. Vacían un papagayo, que se le ande la lengua, que se le meneen la cabeza y las alas. Funden una mona, que juegue pies y cabeza y tenga en las manos un huso que parezca que hila, o una manzana que parezca que come. Y lo tuvieron a mucho nuestros españoles, y los plateros de acá no alcanzan el primor. Esmaltan asimismo, engastan y labran esmeraldas, turquesas y otras piedras, y agujeran perlas...

Los juicios de Bernal Díaz no hacen ley en materia de arte, pero bien revelan el entusiasmo con que los conquistadores consideraron al artífice indio: "Tres indios hay en la ciudad de México —escribe— tan primos en su oficio de entalladores y pintores, que se dicen Marcos de Aquino y Juan de la Cruz y el Crespillo, que si fueran en tiempo de aquel antiguo y afamado Apeles y de Miguel Ángel o Berruguete, que son de nuestros tiempos, les pusieran en el número dellos."

EL EMPERADOR tiene contrahechas en oro y plata y piedras y plumas todas las cosas que, debajo del cielo, hay en su señorío. El emperador aparece, en las viejas crónicas, cual un fabuloso Midas cuyo trono reluciera tanto como el sol. Si hay poesía en América —ha podido decir el poeta—, ella está en el gran Moctezuma de la silla de oro. Su reino de oro, su palacio de oro, sus ropajes de oro, su carne de oro. Él mismo ¿no ha de levantar sus vestiduras para convencer a Cortés de que no es de oro? Sus dominios se extienden hasta términos desconocidos; a todo correr, parten a los cuatro vientos sus mensajeros, para hacer ejecutar sus órdenes. A Cortés, que le pregunta si era vasallo de Moctezuma, responde un asombrado cacique:

—Pero ¿quién no es su vasallo?

Los señores de todas esas tierras lejanas residen mucha parte del año en la misma corte, y envían sus primogénitos al servicio de Moctezuma. Día por día acuden al palacio hasta seiscientos caballeros, cuyos servidores y cortejo llenan dos o tres dilatados patios y todavía hormiguean por la calle, en los aledaños de los sitios reales. Todo el día pulula en torno al rey el séquito abundante, pero sin tener acceso a su persona. A todos se sirve de comer a un tiempo, y la botillería y despensa quedan abiertas para el que tuviere hambre y sed.

Venían trescientos o cuatrocientos mancebos con el manjar, que era sin cuento, porque todas las veces que comía y cenaba [el emperador] le traían todas las maneras de manjares, así de carnes como de pescados y frutas y yerbas que en toda la tierra se podían haber. Y porque la tierra es fría, traían debajo de cada plato y escudilla de manjar un braserico con brasa, por que no se enfriase.

Sentábase el rey en una almohadilla de cuero, en medio de un salón que se iba poblando con sus servidores; y mientras comía, daba de comer a cinco o seis señores ancianos que se mantenían desviados de él. Al principio y fin de las comidas, unas servidoras le daban aguamanos, y ni la toalla, platos, escudillas ni braserillos que una vez sirvieron volvían a servir. Parece que mientras cenaba se divertía con los chistes de sus juglares y jorobados, o se hacía tocar música de zampoñas, flautas, caracoles, huesos y atabales, y otros instrumentos así. Junto a él ardían unas ascuas olorosas, y le. protegía de las miradas un biombo de madera. Daba a los truhanes los relieves de su festín, y les convidaba con jarros de chocolate. "De vez en cuando —recuerda Bernal Díaz— traían unas como copas de oro fino, con cierta bebida hecha del mismo cacao, que decían era para tener acceso con mujeres."

Quitada la mesa, ida la gente, comparecían algunos señores, y después los truhanes y jugadores de pies. Unas veces el emperador fumaba y reposaba, y otras veces tendían una estera en el patio, y comenzaban los bailes al compás de los leños huecos. A un fuerte silbido rompen a sonar los tambores, y los danzantes van apareciendo con ricos mantos, abanicos, ramilletes de rosas, papahigos de pluma que fingen cabezas de águilas, tigres y caimanes. La danza alterna con el canto; todos se toman de la mano y empiezan por movimientos suaves y voces bajas. Poco a poco van animándose; y, para que el gusto no decaiga, circulan por entre las filas de danzantes los escanciadores, colando licores en los jarros.

Moctezuma "vestíase todos los días cuatro maneras de vestiduras, todas nuevas, y nunca más se las vestía otra vez. Todos los señores que entraban en su casa, no entraban calzados", y cuando comparecían ante él, se mantenían humillados, la cabeza baja y sin mirarle a la cara. "Ciertos señores —añade Cortés— reprendían a los españoles, diciendo que cuando hablaban conmigo estaban exentos, mirándome a la cara, que parecía desacatamiento y poca vergüenza." Descalzábanse, pues, los señores, cambiaban los ricos mantos por otros más humildes, y se adelantaban con tres reverencias: "Señor—mi señor—gran señor." "Cuando salía fuera el dicho Moctezuma, que era pocas veces, todos los que iban por él y los que topaba por las calles le volvían el rostro, y todos los demás se postraban hasta que él pasaba" — nota Cortés. Precedíale uno como lictor con tres varas delgadas, una de las cuales empuñaba él cuando descendía de las andas. Hemos de imaginarlo cuando se adelanta a recibir a Cortés, apoyado en brazos de dos señores, a pie y por mitad de una ancha calle. Su cortejo, en larga procesión, camina tras él formando dos hileras, arrimado a los muros. Precédenle sus servidores, que extienden tapices a su paso.

El emperador es aficionado a la caza; sus cetreros pueden tomar cualquier ave a ojeo, según es fama; en tumulto, sus monteros acosan a las fieras vivas. Mas su pasatiempo favorito es la caza de altanería; de garzas, milanos, cuervos y picazas.

Mientras unos andan a volatería con lazo y señuelo, Moctezuma tira con el arco y la cerbatana. Sus cerbatanas tienen los broqueles y puntería tan largos como un jeme, y de oro; están adornadas con formas de flores y animales.

Dentro y fuera de la ciudad tiene sus palacios y casas de placer, y en cada una su manera de pasatiempo. Ábrense las puertas a calles y plazas, dejando ver patios con fuentes, losados como los tableros de ajedrez; paredes de mármol y jaspe, pórfido, piedra negra; muros veteados de rojo, muros traslucientes; techos de cedro, pino, palma, ciprés, ricamente entallados todos. Las cámaras están pintadas y esteradas; tapizadas otras con telas de algodón, con pelo de conejo y con pluma. En el oratorio hay chapas de oro y plata con incrustaciones de pedrería. Por los babilónicos jardines —donde no se consentía hortaliza ni fruto alguno de provecho— hay miradores y corredores en que Moctezuma y sus mujeres salen a recrearse; bosques de gran circuito con artificios de hojas y flores, conejeras, vivares, riscos y peñoles, por donde vagan ciervos y corzos; diez estanques de agua dulce o salada, para todo linaje de aves palustres y marinas, alimentadas con el alimento que les es natural: unas con pescados, otras con gusanos y moscas, otras con maíz, y algunas con semillas más finas. Cuidan de ellas trescientos hombres, y otros cuidan de las aves enfermas. Unos limpian los estanques, otros pescan, otros les dan a las aves de comer; unos son para espulgarlas, otros para guardar los huevos, otros para echarlas cuando encloquecen, otros las pelan para aprovechar la pluma. A otra parte se hallan las aves de rapiña, desde los cernícalos y alcotanes hasta el águila real, guarecidas bajo toldos y provistas de sus alcándaras. También hay leones enjaulados, tigres, lobos, adives, zorras, culebras, gatos, que forman un infierno de ruidos, y a cuyo cuidado se consagran otros trescientos hombres. Y para que nada falte en este museo de historia natural, hay aposentos donde viven familias de albinos, de monstruos, de enanos, corcovados y demás contrahechos.

Había casas para granero y almacenes, sobre cuyas puertas se veían escudos que figuraban conejos, y donde se aposentaban los tesoreros, contadores y receptores; casas de armas cuyo escudo era un arco con dos aljabas, donde había dardos, hondas, lanzas y porras, broqueles y rodelas, cascos, grebas y brazaletes, bastos con navajas de pedernal, varas de uno y dos gajos, piedras rollizas hechas a mano, y unos como paveses que, al desenrollarse, cubrían todo el cuerpo del guerrero.

Cuatro veces el Conquistador Anónimo intentó recorrer los palacios de Moctezuma: cuatro veces renunció, fatigado.[1]

---

[1] Se dice ahora, según entiendo, que la Crónica del Conquistador Anónimo es una invención de Alonso de Ulloa, fundada en Cortés y adoptada por el Ramusio. Ello no afecta a esta descripción.—1955.

III

La flor, madre de la sonrisa.

EL NIGROMANTE

Si en todas las manifestaciones de la vida indígena la naturaleza desempeñó función tan importante como la que revelan los relatos del conquistador; si las flores de los jardines eran el adorno de los dioses y de los hombres, al par que motivo sutilizado de las artes plásticas y jeroglíficas, tampoco podían faltar en la poesía.

La era histórica en que llegan los conquistadores a México procedía precisamente de la lluvia de flores que cayó sobre las cabezas de los hombres al finalizar el cuarto sol cosmogónico. La tierra se vengaba de sus escaseces anteriores, y los hombres agitaban las banderas de júbilo. En los dibujos del Códice Vaticano, se la representa por una figura triangular adornada con torzales de plantas; la diosa de los amores lícitos, colgada de un festón vegetal, baja hacia la tierra, mientras las semillas revientan en lo alto, dejando caer hojas y flores.

La materia principal para estudiar la representación artística de la planta en América se encuentra en los monumentos de la cultura que floreció por el valle de México inmediatamente antes de la conquista. La escritura jeroglífica ofrece el material más variado y más abundante: Flor era uno de los veinte signos de los días; la flor es también signo de lo noble y lo precioso; y, asimismo, representa los perfumes y las bebidas. También surge de la sangre del sacrificio, y corona el signo jeroglífico de la oratoria. Las guirnaldas, el árbol, el maguey y el maíz alternan en los jeroglifos de lugares. La flor se pinta de un modo esquemático, reducida a estricta simetría, ya vista por el perfil o ya por la boca de la corola. Igualmente, para la representación del árbol se usa de un esquema definido: ya es un tronco que se abre en tres ramas iguales rematando en haces de hojas, o ya son dos troncos divergentes que se ramifican de un modo simétrico.

En las esculturas de piedra y barro hay flores aisladas —sin hojas— y árboles frutales radiantes, unas veces como atributos de la divinidad, otras como adornos de la persona o decoración exterior del utensilio.

En la cerámica de Cholula, el fondo de las ollas ostenta una estrella floral, y por las paredes internas y externas del vaso corren cálices entrelazados. Las tazas de las hilanderas tienen flores negras sobre fondo amarillo, y, en ocasiones, la flor aparece meramente evocada por unas fugitivas líneas.

Busquemos también en la poesía indígena la flor, la naturaleza y el paisaje del valle.

Hay que lamentar como irremediable la pérdida de la poesía indígena mexicana. Podrá la erudición descubrir aislados ejemplares de ella o probar la relativa fidelidad con que algunos otros fueron romanceados por los misioneros españoles; pero nada de eso, por muy importante que sea, compensará nunca la pérdida de la poesía indígena como fenómeno general y social. Lo que de ella sabemos se reduce a angostas conjeturas, y a tal o cual ingenuo relato conservado por religiosos que acaso no entendieron siempre los ritos poéticos que describían; así como se reduce lo que de ella imaginamos a la fabulosa juventud de Netzahualcóyotl, el príncipe desposeído que vivió algún tiempo bajo los árboles, nutriéndose con sus frutos y componiendo canciones para solazar su destierro.

De lo que pudo haber sido el reflejo de la naturaleza en aquella poesía quedan, sin embargo, algunos curiosos testimonios; los cuales, a despecho de probables adulteraciones, parecen basarse sobre elementos primitivos legítimos e inconfundibles. Trátase de viejos poemas escritos en lengua náhoa, de los que cantaban los indios en sus festividades, y a los que se refiere Cabrera y Quintero en su Escudo de Armas de México

(1746). Aprendidos de memoria, ellos transmitían de generación en generación las más minuciosas leyendas epónimas, y también las reglas de la costumbre. Quien los tuvo a la mano, los pasó en silencio, tomándolos por composiciones hechas para honrar a los demonios. El texto actual de los únicos que poseemos no podría ser una traslación exacta del primitivo, puesto que la Iglesia hubo de castigarlos, aunque toleró, por inevitable, la costumbre gentil de recitarlos en banquetes y bailes. En 1555, el Concilio Provincial ordenaba someterlos a la revisión del ministro evangélico, y tres años después se renovaba a los indios la prohibición de cantarlos sin permiso de sus párrocos y vicarios. De los únicos hasta hoy conocidos —pues de los que Fray Bernardino de Sahagún parece haber publicado sólo la mención se conserva— no se sabe el autor ni la procedencia, ni el tiempo en que fueron escritos; aunque se presume que se trata de genuinas obras mexicanas, y no, como alguien creyó, de mera falsificación de los padres catequistas. Convienen los arqueólogos en que fueron recopilados por un fraile para ofrecerlos a su superior; y, compuestos antes de la conquista, se les redactó por escrito poco después que la vieja lengua fue reducida al alfabeto español. Tan alterados e indirectos como nos llegan, ofrecen estos cantares un matiz de sensibilidad lujuriosa que no es, en verdad, propio de los misioneros españoles —gente apostólica y sencilla, de más piedad que imaginación. En terreno tan incierto, debemos, sin embargo, prevenimos contra las sorpresas del tiempo. Ojalá en la inefable semejanza de estos cantares con algún pasaje de Salomón no haya más que una coincidencia. Ya nos tiene muy sobre aviso aquella colección de Aztecas en que Pesado parafrasea poemas indígenas, y donde la crítica ha podido descubrir ¡la influencia de Horacio en Netzahualcóyotl![2]

En los viejos cantares náhoas, las metáforas conservan cierta audacia, cierta aparente incongruencia; acusan una ideación no europea.

---

[2] Sobre estos extremos, prefiero hoy remitirme a la introducción de mi libro Letras de la Nueva España, 1948, y a la erudición posterior.

Brinton —que los tradujo al inglés y publicó en Philadelphia, 1887— cree descubrir cierto sentido alegórico en uno de ellos: el poeta se pregunta dónde hay que buscar la inspiración, y se responde, como Wordsworth, que en el grande escenario de la naturaleza. El mundo mismo le aparece como un sensitivo jardín. Llámase el cantar Ninoyolnonotza: meditación concentrada, melancólica delectación, fantaseo largo y voluptuoso, donde los sabores del sentido se van trasmutando en aspiración ideal:

NINOYOLNONOTZA[3]

1.—Me reconcentro a meditar profundamente dónde poder recoger algunas bellas y fragantes flores. ¿A quién preguntar? Imaginaos que interrogo al brillante pájaro zumbador, trémula esmeralda; imaginaos que interrogo a la amarilla mariposa: ellos me dirán que saben dónde se producen las bellas y fragantes flores, si quiero recogerlas aquí en los bosques de laurel, donde habita el Tzinitzcán, o si quiero tomarlas en la verde selva donde mora el Tlauquechol. Allí se las puede cortar brillantes de rocío; allí llegan a su desarrollo perfecto. Tal vez podré verlas, si es que han aparecido ya; ponerlas en mis haldas, y saludar con ellas a los niños y alegrar a los nobles.

2.—Al pasear, oigo como si verdaderamente las rocas respondieran a los dulces cantos de las flores; responden las aguas lucientes y murmuradoras; la fuente azulada canta, se estrella, y vuelve a cantar; el Cenzontle contesta; el Coyoltótotl suele acompañarle, y muchos

---

[3] Arreglo castellano de J. M. Vigil, sobre la versión inglesa de Brinton.

pájaros canoros esparcen en derredor sus gorjeos como una música. Ellos bendicen a la tierra, haciendo escuchar sus dulces voces.

3.—Dije, exclamé: ojalá no os cause pena a vosotros, amados míos que os habéis parado a escuchar; ojalá que los brillantes pájaros zumbadores acudan pronto.—¿A quién buscaremos, noble poeta?— Pregunto y digo: ¿en dónde están las bellas y fragantes flores con las cuales pueda alegraros, mis nobles compañeros? Pronto me dirán ellas cantando: — Aquí, oh, cantor, te haremos ver aquello con que verdaderamente alegrarás a los nobles, tus compañeros.

4.—Condujéronme entonces al fértil sitio de un valle, sitio floreciente donde el rocío se difunde con brillante esplendor, donde vi dulces y perfumadas flores cubiertas de rocío, esparcidas en derredor a manera de arcoiris. Y me dijeron: —Arranca las flores que desees, oh cantor —ojalá te alegres—, y dalas a tus amigos, que puedan regocijarse en la tierra.

5.—Y luego recogí en mis haldas delicadas y deliciosas flores, y dije: —¡Si algunos de nuestro pueblo entrasen aquí! ¡Si muchos de los nuestros estuviesen aquí! Y creí que podía salir a anunciar a nuestros amigos que todos nosotros nos regocijaríamos con las variadas y olorosas flores, y escogeríamos los diversos y suaves cantos con los cuales alegraríamos a nuestros amigos, aquí en la tierra, y a los nobles en su grandeza y dignidad.

6.—Luego yo, el cantor, recogí todas las flores para ponerlas sobre los nobles, para con ellas cubrirlos y colocarlas en sus manos; y me apresuré a levantar mi voz en un canto digno, que glorificase a los nobles ante la faz de Tioque-in-Nahuaque, en donde no hay servidumbre.[4]

---

[4] Tioque-in-Nahuaque: cabe quien está el ser de todas las cosas, conservándolas y sustentándolas.—MOLINA.

...El dolor llena mi alma al recordar en dónde yo, el cantor, vi el sitio florido...

De manera que el poeta, en pos del secreto natural, llega hasta el lecho mismo del valle. Estoy en un lecho de rosas, parece decirnos, y envuelvo mi alma en el arcoiris de las flores. Ellas cantan en torno suyo, y, verdaderamente, las rocas responden a los cantos de las corolas. Quisiera ahogarse de placer, pero no hay placer no compartido, y así, sale por el campo llamando a los de su pueblo, a sus amigos nobles y a todos los niños que pasan. Al hacerlo, llora de alegría. (La antigua raza era lacrimosa y solemne.) De manera que la flor es causa de lágrimas y de regocijos.

La parte final decae sensiblemente, y es quizá aquella en que el misionero español puso más la mano.

Podemos imaginar que, en una rudimental acción dramática, el cantor distribuía flores entre los comensales, a medida que la letra lo iba dictando. Sería una pequeña escenificación simbólica como esas de que aún dan ejemplo las celebraciones de la Iglesia. Anúncianlas ya los ritos dionisíacos, los ritos de la naturaleza y del vegetal, y perduran todavía en el sacrificio de la misa.

La peregrinación del poeta en busca de flores, y aquel interrogar al pájaro y a la mariposa, evocan en el lector la figura de Sulamita en pos del amado. La imagen de las flores es frecuente como una obsesión. Hay otro cantar que nos dice: "Tomamos, desenredamos las joyas. Las flores azules son tejidas sobre las amarillas, que podemos darlas a los niños. — Que mi alma se envuelva en varias flores, que se embriague con ellas, porque pronto debo ausentarme." La flor aparece al poeta como representación de los bienes terrestres.

Pero todos ellos nada valen ante las glorias de la divinidad: "Aun cuando sean joyas y preciosos ungüentos de discursos, ninguno puede hablar aquí dignamente del dispensador de la vida."

En otro poema relativo al ciclo de Quetzalcóatl (el ciclo más importante de aquella confusa mitología, símbolo de civilizador y profeta, a la vez que mito solar más o menos vagamente explicado), en toques descriptivos de admirable concentración surge a nuestros ojos "la casa de los rayos de luz, la casa de culebras emplumadas, la casa de turquesas". De aquella casa, que en las palabras del poeta brilla como un abigarrado mosaico, han salido los nobles, quienes "se fueron llorando por el agua" —frase en que palpita la evocación de la ciudad de los lagos. El poema es como una elegía a la desaparición del héroe. Se trata de un rito lacrimoso, como el de Perséfone, Adonis, Tamuz o alguno otro popularizado en Europa. Sólo que, a diferencia de lo que sucede en las costas del Mediterráneo, aquí el héroe tarda en resucitar, tal vez nunca resucitará. De otro modo, hubiera triunfado sobre el dios sanguinario y zurdo de los sacrificios humanos, e impidiendo la dominación del bárbaro azteca, habría transformado la historia mexicana. El quetzal, el pájaro iris que anuncia el retorno de este nuevo Arturo, ha emigrado, ahora, hacia las regiones ístmicas del Continente, intimando acaso nuevos destinos. "Lloré con la humillación de las montañas; me entristecí con la exaltación de las arenas, que mi señor se había ido." El héroe se muestra como un guerrero: "En nuestras batallas, estaba mi señor adornado con plumas." Y, a pocas líneas, estas palabras de desconcertante "sintetismo": "Después que se hubo embriagado, el caudillo lloró; nosotros nos glorificamos de estar en su habitación." ("Metióme el rey en su cámara: gozarnos hemos y alegrarnos hemos en ti." Cant. de Cant.) El poeta tiene muy airosas sugestiones: "Yo vengo de Nonohualco —dice— como si trajera pájaros al lugar de los nobles." Y también lo acosa la obsesión de la flor: "Yo soy miserable, miserable como la última flor."

IV

But glorious it was to see, .how the open region was filled with horses and chariots...

BUNYAN, The Pilgrim's Progress.

Cualquiera que sea la doctrina histórica que se profese (y no soy de los que sueñan en perpetuaciones absurdas de la tradición indígena, y ni siquiera fío demasiado en perpetuaciones de la española), nos une con la raza de ayer, sin hablar de sangres, la comunidad del esfuerzo por domeñar nuestra naturaleza brava y fragosa; esfuerzo que es la base bruta de la historia. Nos une también la comunidad, mucho más profunda, de la emoción cotidiana ante el mismo objeto natural.

El choque de la sensibilidad con el mismo mundo labra, engendra un alma común. Pero cuando no se aceptara lo uno ni lo otro —ni la obra de la acción común, ni la obra de la contemplación común—, convéngase en que la emoción histórica es parte de la vida actual, y, sin su fulgor, nuestros valles y nuestras montañas serían como un teatro sin luz. El poeta ve, al reverberar de la luna en la nieve de los volcanes, recortarse sobre el cielo el espectro de Doña Marina, acosada por la sombra del Flechador de Estrellas; o sueña con el hacha de cobre en cuyo filo descansa el cielo; o piensa que escucha, en el descampado, el llanto funesto de los mellizos que la diosa vestida de blanco lleva a las espaldas: no le neguemos la evocación, no desperdiciemos la leyenda. Si esa tradición nos fuere ajena, está como quiera en nuestras manos, y sólo nosotros disponemos de ella. No renunciaremos —oh Keats— a ningún objeto de belleza, engendrador de eternos goces.

Madrid, 1915.

www.ingramcontent.com/pod-product-compliance
Lightning Source LLC
Chambersburg PA
CBHW031509040426
42444CB00007B/1272